Comprendre Fanon

© Max Milo Éditions, Paris, 2014
« Comprendre/essai graphique »
www.maxmilo.com
ISBN 978-2-315-00506-2

Michael Azar

Comprendre Fanon
Vers un nouvel humanisme

Traduit du suédois par
Emmanuelle Sylvain et Matilde Anxo

COMPRENDRE/ESSAI GRAPHIQUE

Introduction

« Oui à la vie. Oui à l'amour. Oui à la générosité. Mais l'homme est aussi un *non*. Non au mépris de l'homme. Non à l'indignité de l'homme. À l'exploitation de l'homme. Au meurtre de ce qu'il y a de plus humain de l'homme : la liberté. »
Frantz Fanon, *Peau noire, masques blancs*.

QUELLES SONT LES CONDITIONS DE POSSIBILITÉ DE LA LIBERTÉ ? **S'il y a un fil conducteur dans la pensée de Frantz Fanon, c'est précisément cette question.** Partant d'un certain nombre de courants philosophiques – la phénoménologie, l'existentialisme, le marxisme et la psychanalyse – **il examine les formes, les principes et les impasses de la liberté.** Contrairement à de nombreux autres penseurs, Fanon recourt rarement aux définitions et aux raisonnements abstraits. Au contraire, **sa conception de la liberté est toujours concrète et située.**

Pour nous rapprocher de la pensée de Fanon il faut le replacer dans son contexte historique. L'objectif de cette introduction est d'une part, de rendre intelligible les défis spécifiques auxquels Fanon fait face et, d'autre part, d'éclairer les différentes stratégies qu'il propose en solution à ces défis.

DANS SON PREMIER OUVRAGE, *Peau noire, masques blancs* (1952), Fanon cherche autant à comprendre qu'à combattre le racisme colonial en Martinique, son lieu de naissance. Son étude s'interroge sur la relation entre le désir, la langue et la culture dans le contexte colonial. **Par quels mécanismes agit le racisme ? Quelles sont ses origines ? Comment imprègne-t-il l'homme colonisé et la perception qu'il a de lui-même ? Quel effet le racisme a-t-il sur les colonisateurs blancs ? Comment surmonter cette problématique ?** Le jeune Fanon, qui n'a que 26 ans lorsque l'ouvrage est publié, décortique les conditions d'une révolte qui défie le comportement servile du Noir et ses complexes d'infériorité issus de l'ordre colonial. Il explique que **son objectif est**

« d'aider le Noir à se libérer de l'arsenal complexuel qui a germé au sein de la situation coloniale ».

Dans *Les Damnés de la terre* (1961), le dernier ouvrage de Fanon, on peut noter comment la question de la libération s'élargit, recouvrant désormais l'ensemble du monde colonisé. L'objet d'analyse n'est plus la Martinique mais la guerre sanglante d'Algérie (1954-1962) et la décolonisation en général. Ayant combattu dans les Forces françaises libres pendant la Seconde Guerre mondiale, Fanon prête main-forte à une lutte d'indépendance. Cette fois, ce n'est plus pour la France mais contre la France.

En devenant porte-parole et ambassadeur du nationalisme algérien, Fanon reformule la question de la liberté : s'il avait dans un premier temps considéré le problème à un niveau individuel, **la dimension collective devient désormais prépondérante.** La forme de la lutte est aussi redéfinie, **ce n'est plus la révolte mais la révolution qui se trouve au cœur de sa pensée.**

Ses années en Algérie le conduisent à une certaine évolution personnelle. Cette période impliqua non seulement l'éloignement géographique de sa terre natale mais aussi une distance de la perspective autobiographique, prédominante dans ses récits martiniquais. S'il avait plutôt tendance à évoquer ses propres expériences et sa propre lutte dans *Peau noire, masques blancs*, l'énonciation s'articule dès lors à la première personne du pluriel dans *Les Damnés de la terre* : « nous, les Algériens », « nous, les Africains », « nous, les peuples du tiers-monde » ou même « nous, l'humanité ».

JEAN-PAUL SARTRE peint, dans sa préface des *Damnés de la terre*, une image grandiose de l'importance historique de Fanon. Selon Sartre, **Fanon donne la parole à une nouvelle génération de colonisés qui exige la liberté, une génération disposée à la fois à tuer et à mourir pour elle.** Les colonisés ont surmonté leur crainte et n'acceptent plus l'image que les pouvoirs européens maintiennent sur eux-mêmes. **Fanon entame l'effondrement du narcissisme européen.** « Qu'est-ce qui est en train de se passer ? » demande Sartre. « Ceci, tout simplement, que nous étions les sujets de l'histoire et que nous sommes à présent les objets. Le rapport des forces s'est renversé, la décolonisation est en cours ; tout ce que nos mercenaires peuvent tenter c'est d'en retarder l'achèvement. »

Le concept de libération fanonien comporte deux mouvements. D'un côté, il consiste en un *acte de libération* nécessaire pour briser la logique de l'esclavage et de l'autoesclavage ; d'un autre, elle est un *acte de création* qui établit de nouvelles relations sociales et politiques. Les deux niveaux ont un but commun : l'indépendance.

Ses analyses du problème complexe de l'émancipation l'obligent à confronter divers penseurs et à lutter avec des problèmes proprement philosophiques tels que la relation entre l'individu et le collectif, la liberté et la nécessité, le passé et le présent, la violence et la non-violence, etc. Il revient constamment à cette idée fondamentale : **la liberté consiste en la décision active de concevoir nos propres destins de façon indépendante.** Le colonisé, selon Fanon, est condamné à l'aliénation, à la passivité et à la dépendance et il n'incombe qu'à lui « de mettre un terme à l'histoire de la colonisation, à l'histoire du pillage, pour faire exister l'histoire de la nation, l'histoire de la décolonisation ». Fanon ne nie pas qu'une telle décision ait un prix élevé. La liberté n'est pas gratuite, elle ne peut être gagnée qu'avec la vie en jeu. Conformément à une longue tradition de penseurs philosophiques et politiques, **Fanon insiste sur la devise : la liberté ou la mort !**

Nous allons suivre le parcours de Fanon de la Martinique à l'Algérie et voir comment il développe *le nationalisme révolutionnaire et le nouvel humanisme*. Cette idée est la substantifique moelle fanonienne et contient l'héritage principal qu'il nous a légué. **Fanon ne veut rien de moins que contribuer à la création d'une nouvelle société et d'un nouvel homme.** L'humanité, dit-il, exige autre chose de nous « que cette imitation caricaturale » du vieil humanisme européen. Elle exige un effort pour créer « l'homme total », une création dont l'Europe n'a pu accoucher. La dernière phrase publiée de Fanon est en effet un rappel **qu'un acte de libération est aussi un acte créateur : « Il faut faire peau neuve, développer une pensée neuve, tenter de mettre sur pied un homme neuf. »**

Frantz Fanon meurt en décembre 1961, il n'a alors que 36 ans. Son influence postérieure gagne en importance et ne cesse d'en gagner, même aujourd'hui. **Bien que ses ouvrages aient initialement été censurés en France, ils se répandent à travers le monde et deviennent une source d'inspiration primordiale pour des révolutionnaires qui visent à se libérer de**

toutes formes de racisme et de colonialisme. Les épithètes se sont accumulées tout au long de l'histoire. Fanon a fait objet de diverses appellations : « l'apôtre de la violence », « le prophète de la révolution », « la voix du tiers-monde » et même « un Che Guevara noir ». Plus récemment, Fanon a également été présenté comme **une figure centrale pour la théorie postcoloniale**. Le célèbre écrivain palestinien Edward W. Said place Fanon dans la même tradition critique que les trois grands « maîtres du soupçon », Marx, Nietzsche et Freud :

« Comme Freud fouillait les soubassements de l'édifice de la raison occidentale, comme Marx et Nietzsche réinterprétaient les données réifiées de la société bourgeoise en montrant l'élément primitif mais productif de la domination et de l'accumulation, Fanon lit l'humanisme occidental en transférant physiquement l'imposant bloc cyclopéen du "socle gréco-latin" dans la zone engagée par le colonialisme, où "cette sentinelle factice est pulvérisée" » (Said, 1993).

1. Martinique – se blanchir ou disparaître

« L'arme la plus puissante entre les mains de
l'oppresseur est l'esprit de l'opprimé. »
Steve Biko, « White Racism and Black
Consciousness ».

Ni la fin de l'esclavage en 1848, ni la départemen-
talisation de la Martinique en 1946, ne transforme
fondamentalement le genre de pouvoir que Fanon met au
cœur de ses analyses, à savoir la structure idéologique qui
établit la culture française et la blancheur comme normes
évidentes dans l'empire colonial français.

Au lieu de la forme traditionnelle de l'esclavage,
l'exploitation et la biologie raciale – mise en place
progressivement après la colonisation française de l'île

en 1635 –, le colonialisme français introduit l'idée d'une *mission civilisatrice* où « les indigènes » sont invités à adopter la culture française dans le but d'évoluer de barbares en civilisés. **Partout en Martinique, le peuple noir se heurte à cet ultimatum : il faut « se blanchir ou disparaître ».**

De similaires idéologies missionnaires fleurissaient dans toute l'Europe coloniale et se réunissaient souvent pour faire l'éloge de l'Europe en tant que « la partie précieuse de l'univers terrestre, la perle de la sphère, le cerveau d'un vaste corps » (selon les mots de Paul Valéry). Le monde serait transformé selon le modèle européen. La raison se propagerait aux peuples irrationnels, la civilisation aux barbares, le christianisme aux païens et la modernité aux arriérés. L'élite politique en France maintenait que la France était le pays le plus éclairé de l'Europe. *La grandeur de la France* laisserait son éclat de lumière tomber sur les continents sombres de la terre. Comme l'exprima l'explorateur Francis Garnier en 1864 :

« Cette nation généreuse, dont l'opinion régit l'Europe civilisée et dont les idées ont conquis le monde, a reçu de la Providence une plus haute mission, celle de l'émancipation, de l'appel à la lumière et à la liberté des races et des peuples encore esclaves de l'ignorance et du despotisme » (*La Cochinchine française en 1864*).

Quelles sont les conséquences d'une telle idéologie sur ses sujets « barbares », étant contraints de s'y soumettre ? **Qu'est-ce que cela signifie pour sa propre identité quand celle-ci se voit constamment dévalorisée par la société ?**

DANS *PEAU NOIRE, MASQUES BLANCS*, Fanon cherche à identifier ce qu'il appelle « **l'expérience vécue du Noir** ». L'objet de ses études est essentiellement l'expérience du racisme colonial vécu par les Martiniquais noirs, cependant il n'hésite pas à en tirer des conclusions plus universelles.

Fanon s'inspire d'une panoplie d'auteurs, de théories et de traditions. Celui qui s'attendait à une philosophie systématique sera donc déçu. Il s'agit plutôt d'une manière de penser qui se passionne à **trouver différents remèdes contre la folie raciale.** Il y introduit un certain nombre de concepts théoriques et entreprend un examen critique quant à leur capacité d'éclairer les mécanismes du racisme.

L'influence de la tradition phénoménologique, en particulier celle de Sartre, et de diverses théories psychiatriques et psychanalytiques est évidente. Dès l'introduction de l'ouvrage, Fanon affirme que son objectif est de formuler **un « nouvel humanisme » qui met l'accent sur la liberté ontologique de l'homme** (s'accordant ainsi avec la thèse sartrienne) et cherche à la réaliser tout en restant soucieux de sa réalisation concrète. Il ne s'adresse pas explicitement à Rousseau, mais il est évident qu'il est préoccupé par le même problème : « Comment se fait-il que l'homme est partout dans les fers alors qu'il est né libre ? »

Fanon indique d'abord que la langue est essentielle à la logique du racisme. Parler, dit-il, n'implique pas seulement de maîtriser une certaine syntaxe — « c'est surtout assumer une culture, supporter le poids d'une civilisation ». **C'est en effet à travers la parole que l'on existe « absolument pour l'autre ».** Fanon problématise toute idée d'un *cogito* capable d'atteindre une conscience de soi-même indépendamment de ses relations avec autrui. **Toute analyse du drame humain doit plutôt être fondée sur l'intersubjectivité.** Il s'agit d'une première condition nécessaire à la compréhension de l'expérience vécue du Noir : « Le Noir n'a plus à être noir, mais à l'être en face du Blanc. »

Quand les Noirs en Martinique apprennent le français, ils intériorisent une langue dans laquelle ils sont décrits comme des êtres inférieurs et retardés. Fanon utilise le concept de Carl Gustav Jung, « l'inconscient collectif », afin de préciser les conséquences de cette intériorisation. **L'inconscient collectif est un résultat, dit-il, d'une « imposition culturelle irréfléchie »** de toutes les histoires, de mythes, d'attitudes et d'expressions qui imprègnent l'idéologie coloniale. L'élève noir antillais qui apprend constamment à réciter « nos ancêtres les Gaulois » commencera sans s'en rendre compte à imiter ses conquérants. Les enfants noirs dans les Antilles, selon Fanon, s'identifient résolument à Tarzan contre les sauvages. **Afin de gravir l'échelle sociale, ils doivent autant que possible se distancier de leur noirceur en général et de leurs racines africaines en particulier :**

« Le colonisé se sera d'autant plus échappé de sa brousse qu'il aura fait siennes les valeurs culturelles

"[...] Le nègre a un mythe à affronter. Un mythe solidement ancré. Il l'ignore, aussi longtemps que son existence se déroule au milieu des siens...

... mais au premier regard blanc, il ressent le poids de sa mélanine." (Frantz Fanon)

de la métropole. Il sera d'autant plus blanc qu'il aura rejeté sa noirceur, sa brousse » (PN, p. 72).

L'utilisation du concept de Jung illustre parfaitement comment Fanon se sert de l'histoire des idées occidentales. Il s'approprie l'utile et rejette le reste. En ce sens, son texte est une sorte d'appareil d'appropriation : au lieu de discuter en profondeur les différents systèmes de pensée qu'il commente, **il cherche à identifier les sources et les opportunités correspondant à sa vision d'un nouvel humanisme.**

Ainsi, Fanon récuse de manière radicale le fondement biologique que Jung aurait tendance à attribuer à l'inconscient collectif proposant à la place une perspective sociale et intersubjective. De cette façon, il réussit à éclaircir une situation que Jung aurait été incapable d'expliquer, à savoir que « la noirceur » soit aussi vue non seulement par les Blancs mais également par les Noirs comme signe « des mauvais instincts, de l'obscur, inhérent à tout Moi, du sauvage non civilisé ».

L'inconscient est par conséquent culturel, c'est-à-dire acquis. L'intériorisation des Noirs de l'idéologie coloniale française dépend des connotations qui se réfèrent au signifiant « noir ». **Fanon montre comment l'imaginaire européen, se représente de différentes manières la noirceur comme animalité, le pulsionnel et le Mal dans l'homme.** « Le bourreau c'est l'homme noir, Satan est noir, on parle de ténèbres, quand on est sale on est noir. » Tant que nous n'avons pas saisi la totalité des moyens par lesquels toutes sortes de vices sont projetés sur les Noirs, nous ne comprendrons pas les techniques avec lesquelles les Blancs se présentent comme purs, vertueux et moralement supérieurs.

« Le noir, l'obscur, l'ombre, les ténèbres, la nuit, les labyrinthes de la terre, les profondeurs abyssales, noircir la réputation de quelqu'un ; et de l'autre côté : le regard clair de l'innocence, la blanche colombe de la paix, la lumière féerique, paradisiaque » (PN, p. 214f).

Les Noirs qui ont acquis la langue française et la culture française tendent à se distancier rapidement de leurs congénères. Fanon l'illustre avec un large éventail d'exemples, qu'il va également chercher dans sa propre enfance : « Quand je désobéis, quand je fais trop de bruit, on me dit de ne pas "faire le nègre". » Ainsi, les Martiniquais français deviennent l'instrument prolongé de l'idéologie coloniale. Au lieu de régner par la force, comme au temps de l'esclavage, l'idéologie coloniale envahit les recoins les plus intimes de l'âme. Après avoir été esclave du Blanc, le Noir « s'auto-esclavagise ». **L'âme devient, selon la belle formule de Foucault, la prison du corps et cela engendre l'aliénation, la servilité, la névrose d'abandon et le complexe d'infériorité.**

DANS LE MÊME ESPRIT Fanon affirme que la théorie phénoménologique de l'expérience vécue (*Erlebnis*) doit prendre en considération la situation coloniale car cette dernière façonne et forme le désir humain. **La pensée de Fanon repose à la fois sur les connaissances de la dialectique hégélienne du maître et de l'esclave et sur la compréhension du désir comme enraciné dans l'inconscient collectif.** Que désire l'homme noir en Martinique ? demande-t-il. Et il répond : il veut être blanc. Le problème est qu'il ne peut y arriver qu'en gagnant la reconnaissance de l'Autre, à savoir en gagnant la reconnaissance du Blanc. Le désir de devenir blanc pénètre jusque dans les rêves, les fantasmes et la vie amoureuse du peuple noir. Les hommes et les femmes noirs se rejettent réciproquement et orientent leur désir et leur besoin de reconnaissance vers les Blancs.

Comment peut-on se libérer de cette forme d'aliénation destructrice et de ces sentiments d'infériorité ? Comment se libérer de ce désir inconscient de devenir blanc ? **Est-il possible d'inventer des formes et des objectifs pour le désir qui soient complètement inédits ?**

Fanon explique que le but de son livre est de créer « un miroir à infrastructure progressive, où pourrait se retrouver le nègre en voie de désaliénation ». En tant que psychiatre, **il cherche à offrir un moyen de sortir des sentiments d'infériorité** qui imprègnent la société martiniquaise.

Il rêve d'un monde où ni le Noir ni le Blanc ne soient cloîtrés dans leur couleur respective. **Fanon veut rendre possible « une saine rencontre » entre le Noir et le Blanc.** Mais une telle rencontre

demande plus qu'une analyse strictement psychologique. Elle exige aussi ce qu'il appelle un *socio-diagnostic* qui examine la relation entre l'inconscient collectif et les structures socio-économiques et politiques. Le socio-diagnostic est une clé de voûte de la pensée de Fanon et il revient de manière récurrente.

Pour atteindre une véritable libération, il ne suffit pas de changer la psychologie de l'homme, il faut également changer les structures socio-économiques qui l'entourent. **Si le Noir a un tel désir d'être blanc, c'est parce que l'ordre social privilégie la peau blanche.** Fanon se réfère au fameux slogan de Marx : « Il ne s'agit plus d'interpréter le monde, mais de le transformer. »

D'une part, cela exige un *acte de libération* (pour rompre avec le désir d'être blanc), et d'autre part, un *acte de création* (pour détruire l'ordre existant en faveur d'un ordre nouveau et meilleur). **Le Noir doit se libérer fondamentalement d'une situation où le choix lui est imposé de l'extérieur et, à la place, inventer un monde totalement différent.** En tant que psychiatre, Fanon tente d'envisager un autre destin au-delà de l'impératif « se blanchir ou disparaître » :

« Autrement dit encore, si la société lui fait des difficultés à cause de sa couleur, si je constate dans ses rêves l'expression d'un désir inconscient de changer de couleur, mon but ne sera pas de l'en dissuader en lui conseillant de "garder ses distances" ; mon but, au contraire, sera, une fois les mobiles éclairés, de le mettre en mesure de choisir l'action (ou la passivité) à l'égard de la véritable source conflictuelle – c'est-à-dire à l'égard des structures sociales » (PN, p. 142).

2. La négritude et l'enthousiasme noir

L'analyse de Fanon sur le désir de devenir blanc repose aussi sur une autoanalyse. Son identification avec la France se manifeste dès la Seconde Guerre mondiale, quand, à 18 ans, il décide de s'engager dans les Forces françaises libres avec de Gaulle. « Je suis personnellement intéressé au destin français, aux valeurs françaises », écrit-il dans *Peau noire, masques blancs* et quand les Allemands envahissent la France pour l'asservir « mon métier français m'indiqua que ma place n'était pas à côté, mais au cœur du problème ». Fanon était alors disposé à la fois à tuer et à mourir pour la France. Après la guerre, il a été décoré de la Croix de guerre avec une étoile d'argent pour ses efforts héroïques.

Cependant **cette identification s'ébranle par l'expérience de la guerre.** Il découvre que le racisme n'est pas seulement répandu dans la périphérie de l'empire colonial français, mais aussi dans la métropole. Les Noirs sont traités comme des personnes de seconde classe par ceux-là même pour lesquels ils étaient prêts à mourir. Ce n'était pas, dit Fanon, pour la liberté et la justice humaine que les Noirs, les Asiatiques et les Arabes ont donné leur vie pendant la guerre. C'était pour la liberté et la justice de l'homme blanc.

Durant les années qui suivent la guerre, Fanon conclut qu'il y a deux conduites à suivre face au racisme colonial. **Soit être aussi blanc que possible, soit être aussi noir que possible.**

Dans le premier cas, on rejette sa couleur, son histoire et sa différence dans l'espoir d'être accepté comme un égal par les maîtres blancs. La métaphore exacte de cette stratégie assimilatoire et mimétique est justement « peau noire, masques blancs ».

Dans le second cas, on prend position et on réévalue l'identité noire qui a été rabaissée par l'ordre blanc. Fanon souligne que la deuxième réaction suit généralement l'échec de la première. Lorsqu'il s'avère qu'il n'y a aucune possibilité réelle de devenir blanc, quand la couleur de peau restera un obstacle, peu importe la blancheur à l'intérieur, il faut plutôt tenter de se faire connaître en tant que Noir :

« Comme je m'aperçois que le nègre est le symbole du péché, je me prends à haïr le nègre. Mais je constate que je suis un nègre. Pour échapper à ce conflit, deux solutions. Ou bien je demande aux autres de ne pas faire attention à ma peau ; ou bien, au contraire, je veux qu'on s'en aperçoive. J'essaie alors de valoriser ce qui est mauvais – puisque, irréflexivement, j'ai admis que le noir était la couleur du mal » (PN, p. 221).

L'EXAMEN CRITIQUE DU DÉSIR D'ÊTRE AUSSI BLANC QUE POSSIBLE converge vers une analyse similaire du désir d'être aussi noir que possible.

Fanon porte son attention sur la négritude, le courant littéraire et politique qui commence à prendre forme pendant l'entre-deux-guerres, réunissant de brillants talents tels que Léopold Sédar Senghor, Léon Damas et Aimé Césaire – provenant de différentes parties de l'empire colonial français.

L'Anthologie de la nouvelle poésie nègre et malgache de la langue française, publiée en 1948 sous la rédaction du Sénégalais Senghor, propose une nouvelle affirmation noire reposant sur la particularité et la mise en valeur de l'histoire de l'Afrique. **L'origine, la fierté et la dignité deviennent les devises de la négritude** dans leur lutte contre la déconsidération occidentale envers l'identité noire. En même temps, **les auteurs ne se contentent pas de la voie défensive.** Plusieurs attaquent les diverses lacunes de la culture européenne. Cela s'applique non seulement au colonialisme et au racisme, mais aussi à ce qu'ils considèrent comme la relation instrumentale qu'entretient l'Occident par rapport à l'Être. Contre la raison occidentale fondée sur une philosophie dualiste, Senghor oppose l'unité de l'Être dans la culture africaine : « L'émotion est nègre comme la raison hellène. »

Dans sa préface de l'anthologie *Orphée noir*, Sartre présente la négritude comme un événement culturel de grande importance historique. Ici, écrit-il, percent les voix qui avaient été réduites au silence par les bâillons et les matraques de la puissance coloniale. Nous rencontrons là une poésie qui montre le chemin vers une humanité plus parfaite que celle de l'Ouest qui est constamment consommée de l'intérieur par le racisme colonial.

"*Ma négritude n'est ni une tour, ni une cathédrale,*
elle plonge dans la chair rouge du sol,
elle plonge dans la chair ardente du ciel,
elle troue l'accablement opaque de sa droite patience..." (*Aimé Césaire*)

Sartre entrevoit dans la négritude un nouveau sujet historique qui prend son destin activement en main et ouvre la voie à toute l'humanité. La poésie noire est en effet la seule poésie révolutionnaire du paysage contemporain.

Même Fanon est comblé au départ. **La négritude évoque un sentiment d'ivresse et d'esprit combatif.** L'homme noir renié, dit-il, est réhabilité et devient le point de départ d'une communauté humaine plus profonde. Celui qui auparavant a été relégué aux marges de l'histoire réussit maintenant à entrer dans l'avant-scène du monde pour manifester sa volonté et sa particularité. « De l'autre côté du monde blanc, une féerique culture nègre me saluait. Sculpture nègre ! Je commençai à rougir d'orgueil. Était-ce là le salut ? » **Était-ce donc dans l'exaltation de la culture et de l'histoire noire, dans l'affirmation du rythme de l'homme noir et la fusion supposée avec le cosmos, que le chemin de la libération se trouvait ?**

Oui et non. Même Sartre, malgré son enchantement, avait fait remarquer un certain nombre de pièges.

Sous l'influence de Marx, Sartre a en effet interprété la négritude comme une simple étape dans la dialectique historique – et non l'étape finale. Le désir d'être aussi noir que possible, dit Sartre, doit graduellement céder à une pensée qui, au-delà de la race et de la couleur, vise à **l'émancipation de toute société humaine**. Sinon, la négritude risque de devenir « un racisme antiraciste », qui reproduit les catégories du racisme. À cet égard la négritude doit se dépasser comme « valeur antithétique » et laisser place à une « synthèse », c'est-à-dire à « une réalisation de l'humain dans une société sans races ». **Aux yeux de Sartre, la négritude était par conséquent un passage et non un aboutissement,** un moyen et non une fin dernière (*Orphée noir*, p. 280).

La position de Fanon est également ambivalente. Il se rend compte que parler d'une culture africaine noire – qui se caractérise par l'intuition, les rythmes et le désir charnel – risque de confirmer l'image dégradante que la puissance coloniale se fait des Noirs. Senghor ne répète-t-il pas ici les clichés par lesquels les Européens ont toujours défini les Noirs ? (« Les Noirs sont les champions du sentiment », comme Auguste Comte l'a exprimé.) Fanon estimera aussi que la négritude a tendance à exprimer une *pensée réactive* qui reprend fondamentalement la vision du monde colonial où la couleur de peau est la ligne qui divise l'humanité en différentes essences.

D'autre part, il dit que cette réponse est de grande importance. **En tant que négation, cette réponse est l'expression d'une volonté de lutter et de se détacher.** Il se peut que l'analyse critique de Sartre soit pertinente – le problème est qu'elle est livrée au mauvais moment. Sartre ne comprend pas que **les Noirs ont tout d'abord besoin de « se perdre dans la nuit absolu »,** dans le but de se débarrasser du sentiment de l'infériorité et de la passivité endurées depuis tant de temps. Car « **l'enthousiasme noir » est une condition de la révolte noire qui doit venir.** Tant que les Blancs refusent la liberté et la dignité aux Noirs, la lutte pour le statut et la valeur de la noirceur doit continuer. « J'ai besoin, dit Fanon, de me perdre dans ma négritude, de voir les cendres, les ségrégations, les répressions, les viols, les discriminations, les boycottages. »

La perplexité éprouvée face à la négritude le ressaisira de nouveau lors de sa rencontre avec le nationalisme algérien. Car là aussi, Fanon fait face à une problématique similaire. D'un côté, on doit valider le nationalisme en tant qu'affirmation d'unité – unité culturelle, unité nationale, unité du peuple. D'autre

part, il faut aussi critiquer les fantasmes qui poussent à envisager l'identité collective comme un fait.

FANON ET SARTRE SE REJOIGNENT QUANT À L'OBJECTIF FINAL : un nouvel humanisme ne peut être fondé sur des catégories raciales ou ethniques mais doit avoir la liberté de l'homme comme point de départ et ensuite aspirer à une véritable société égalitaire où la liberté repose sur « une reconnaissance mutuelle » entre les hommes.

Ainsi, **la pensée existentialiste devient plus prononcée chez Fanon** : l'existence précède l'essence. **On ne naît pas noir (ou blanc), on le devient.** Ou selon les mots de Fanon : « Le nègre n'est pas. Pas plus que le Blanc. » Pour Fanon on ne doit en aucun cas céder à « ce drame absurde que les autres ont monté autour de moi » (ou se faire blanc, ou se faire noir). **L'objectif doit plutôt être de constamment « tendre vers l'universel » afin d'établir « une authentique communication » entre tous les hommes.**

La question est comment dépasser le particulier (la blancheur, la noirceur, l'arabisme, etc.) afin d'atteindre l'universel, et comment la liberté de chaque individu pourrait s'unir dans une liberté commune.

3. L'Algérie française – liberté, égalité, fratricide

« Quel bavardage : liberté, égalité, fraternité, amour, honneur, patrie, que sais-je ? Cela ne nous empêchait pas de tenir en même temps des discours racistes, sale nègre, sale juif, sale raton. »
Jean-Paul Sartre, Préface des *Damnés de la terre*.

Fanon reste en France après la guerre. Il commence un doctorat de psychiatrie à la faculté de médecine de Lyon, assiste aux cours de Maurice Merleau-Ponty dans la même ville et lit à la fois toute philosophie et toute théorie psychanalytique qui lui tombent sous la main.

Durant l'automne 1953, après avoir terminé ses études, Fanon accepte le poste de médecin-chef de service à l'hôpital psychiatrique de Blida-Joinville, près de la capitale algérienne. Le destin de l'ancien combattant se lie désormais à de nouveaux événements historiques. Le jeune Martiniquais connaîtra bientôt la lutte pour la libération nationale qui marquera le début de la fin de l'Algérie française.

La longue guerre (1954-1962) s'empare de la vie de Fanon et laisse de profondes traces dans sa pensée. Le napalm, les tortures, les déplacements forcés et les exécutions sommaires de la population indigène vont profondément ébranler le peu de confiance qu'il lui restait dans le gouvernement français. La ligne officielle parlait à l'époque de « pacification », de « maintien de la paix » et de « chasse aux terroristes » ; mais il s'agissait bien d'une guerre, au cours de laquelle un million de personnes, Algériens pour la plupart, sont mortes. Les « événements d'Algérie » demeurent un traumatisme à l'idée que la France se fait d'elle-même.

Même si l'Algérie était rattachée à la France sous forme de départements, les soi-disant indigènes n'avaient pas du tout les mêmes droits politiques que les colons français et européens. Les fameux principes de la liberté, de l'égalité et de la fraternité font exception à ce peuple dont on prétend qu'il fait partie de la nation sans qu'il bénéficie de la pleine citoyenneté. De surcroît les langues arabe et berbère sont déclarées des « langues étrangères ». Dans le discours officiel de la nation française comme étant une et indivisible, les indigènes constituent « une inquiétante étrangeté » (*Unheimliche*).

On pourrait dire que l'Algérie française fait partie de la France mais reste à plusieurs égards soumise à une pratique coloniale. Ou inversement : une colonie qui est soumise à un discours national. Maupassant l'exprime bien : **l'Algérie est à la fois « une belle colonie » et un « morceau de la France ».**

La discrimination systématique envers la population non européenne du pays est tangible non seulement dans le champ politique, mais aussi dans les questions sociales et économiques. Par exemple, les quartiers les plus riches de la capitale n'étaient en pratique réservés qu'aux Européens. Fanon souligne comment **la population indigène arabo-berbère et musulmane a joué le rôle d'une sorte de « toile de fond » qui renforçait l'image narcissique que les**

Européens avaient d'eux-mêmes comme étant les sujets de l'histoire. La mission civilisatrice a enfoncé ce message aussi bien dans la tête du colon que dans celle du colonisé :

« Le colon fait l'histoire. Sa vie est une épopée, une odyssée. Il est le commencement absolu : "Cette terre, c'est nous qui l'avons faite." Il est la cause continuée : "Si nous partons, tout est perdu, cette terre retournera au Moyen Âge" » (DT, p. 463).

LES ANTAGONISMES AU SEIN DE L'ALGÉRIE FRANÇAISE découlaient en premier lieu du clivage entre la mission civilisatrice d'un côté, et l'oppression et l'inégalité de l'autre.

Cette inégalité se révèle non seulement dans la répartition du pouvoir politique, mais se fait sentir dans la distribution des ressources économiques et sociales. En d'autres termes, **la politique officielle d'assimilation, c'est-à-dire l'appel à être le plus français possible (se blanchir ou disparaître), se heurte à une réalité pratiquant des méthodes discriminatoires et qui maintient la**

distinction entre les « sous-hommes » colonisés et les Français. Les grandes visions de l'empire colonial français de diffuser la culture française et de progressivement assimiler ses sujets produisent des hommes qui doivent constamment être maintenus « à leur place » – mais sans savoir exactement comment car ils menacent aussi bien par leur ressemblance que par leur dissemblance. Les indigènes ne sont ni si différents que l'on ne puisse pas, en théorie, les assimiler, ni suffisamment semblables pour leur accorder un statut d'égaux. Homi K. Bhabha formule la position ambivalente du colonisé dans les termes suivants : « Presque le même, mais pas tout à fait » (Bhabha, 2007). Nous pouvons peut-être reformuler la tension entre l'idéologie et la pratique par l'impératif suivant : imitez-nous, mais seulement à condition que vous ne vous mettiez pas dans la tête que vous pouvez vraiment devenir l'un de nous !

FANON IDENTIFIE CE PARADOXE déjà dans *Peau noire, masques blancs*, lorsqu'il examine la situation coloniale à la lumière de la dialectique du maître et de l'esclave. Or selon lui, l'analyse de Hegel ne s'applique pas de manière satisfaisante à la relation entre les maîtres et les esclaves dans le contexte colonial. Pourquoi ? Parce que les maîtres coloniaux ne se soucient pas de la reconnaissance du colonisé.

Pour Hegel, le combat est initialement une situation de réciprocité étant donné qu'il n'est pas admis dès le départ qui sera l'esclave et qui sera le maître, et chaque protagoniste recherche, dans un combat de vie et de mort, la reconnaissance de l'autre. Cette réciprocité initiale est cependant absente dans la situation concrète coloniale : car ici, **le maître ignore la conscience de l'esclave, exigeant seulement qu'il continue à travailler pour lui**.

Dans *La Jeune née*, Hélène Cixous évoque son enfance en Algérie française et nous y rencontrons une similaire interprétation hégélienne de la réduction des Algériens à une sorte de *non-êtres* par le racisme colonial : « J'ai vu comment le monde blanc ("français"), supérieur, ploutocratique, civilisé, instituait sa puissance à partir du refoulement de populations soudain devenues "invisibles" [...]. Geste banal de l'histoire : il faut qu'il y ait *deux* races, celle des maîtres, celle des esclaves » (*La Jeune née*, p. 128).

Sans
Patrie
Fixe
Cherche
Identité

Ce n'est que lorsque les sous-hommes font la révolution que cet ordre est sérieusement remis en question.

La révolution en Algérie affirme que les soi-disant « indigènes » constituent en réalité une nation distincte avec sa propre histoire et sa propre culture. Dans un geste qui fait penser à la négritude, **la révolution valorise la culture qui a été bafouée** et essaye de faire revivre les valeurs que la colonisation a effacées. La révolution algérienne parle au nom d'une « identité arabo-islamique » distincte et les révolutionnaires relient cette identité à une longue histoire de résistance nationale.

Mais ils ne s'arrêtent pas à une nostalgie identitaire, car le groupe en tête de la résistance algérienne, le Front de libération nationale (FLN), proclame simultanément qu'il s'agit d'**une révolution au nom de la nation, de la liberté et de l'indépendance** – c'est-à-dire les mêmes valeurs que la France prétend incarner. Cela implique un double mouvement qui comprend à la fois une **rupture radicale** (une identité remplacée par une autre) et une **continuité fondamentale** (un sujet révolutionnaire échangé avec un autre). Les devises universalistes des révolutionnaires français se retournent contre la métropole ; car cette fois on n'en parle plus au nom de la France mais au nom de l'Algérie. Ce n'est certainement pas la première fois : **la révolution algérienne et la pensée fanonienne succèdent simplement à une longue tradition allant de Toussaint Louverture à Ho Chi Minh.**

La nuit du 31 octobre au 1er novembre 1954 marque l'éclatement de l'Algérie française par l'irruption de violents conflits. La guerre sans nom a commencé. Fanon est immédiatement entraîné dans le tourbillon de la révolution et son propre rôle en tant que psychiatre au service de la France devient de plus en plus problématique. Il témoigne de l'afflux de personnes en grande souffrance vers les hôpitaux et les cliniques psychiatriques du pays. Ces personnes, dont les mécanismes de défense sont affaiblis, souffrent de divers symptômes tels que l'insomnie, l'angoisse, les psychoses, les idées suicidaires, les sentiments de culpabilité, les hallucinations, etc. L'héritage de la France en Algérie a, selon Fanon, laissé toute une génération d'Algériens traumatisés.

Fanon se rend vite compte qu'il doit apporter son soutien à la révolution algérienne. Dans ses mémoires, Simone de Beauvoir raconte qu'il était « une des personnalités les plus remarquables de ce temps » et évoque son engagement immédiat, aux risques et périls de sa vie, dans la lutte : « Il hébergea chez lui et à l'hôpital des responsables des maquis, il leur distribua des médicaments, il enseigna aux combattants à soigner leurs blessés, il forma des équipes d'infirmiers musulmans. » Dans le plus grand secret, Fanon enseigne également aux rebelles, les *fidayines*, comment ils doivent « contrôler leurs réactions au moment de déposer une bombe… et aussi quelle attitude psychologique et physique pouvait les aider à résister le mieux à la torture » (*La Force des choses*, p. 620).

La rupture définitive avec la France aura lieu à la fin de 1956, quand il présente sa démission au ministre résident, Robert Lacoste. Il explique qu'il ne peut plus travailler pour la France dans une Algérie où « la réalité est tissée de mensonges, de lâchetés, du mépris de l'homme » et où le peuple arabe « vit dans un état de dépersonnalisation absolue ». En accord avec ses idées sur la nécessité d'un socio-diagnostic, Fanon tire la conclusion qu'une thérapie seule ne peut aider le sujet à sortir de l'aliénation sociale. **Puisque c'est la société elle-même qui produit l'aliénation, la seule issue du cercle vicieux est la révolution.** Fanon ne peut plus être complice de cette « déshumanisation systématisée » et doit en conséquence mettre fin à sa mission en Algérie :

« La fonction d'une structure sociale est de mettre en place des institutions traversées par le souci de l'homme. Une société qui accule ses membres à des solutions de désespoir est une société non viable, une société à remplacer. Le devoir du citoyen est de le dire » (PRA, p. 734f).

En réponse à sa démission, Fanon est expulsé du territoire algérien. Il s'exile en Tunisie, d'où commencent ses activités en tant que porte-parole de la révolution algérienne.

Dans les années suivantes, il écrit pour le journal du FLN, *El Moudjahid,* et travaille comme psychiatre dans un hôpital à Manouba, ville située en banlieue de Tunis. En 1960 il est désigné ambassadeur au Ghana par le Gouvernement provisoire de la République algérienne (GPRA). Sa tâche est double : promouvoir la révolution algérienne en Afrique et répandre l'esprit révolutionnaire et anti-impérialiste sur l'ensemble du continent africain.

Fanon travaille de jour comme de nuit. Il est convaincu que la liberté des Algériens présuppose un acte de violence qui détruira l'Algérie française. Dans la mesure où son agitation envers son ancienne patrie s'accroît, les menaces et les attentats dirigés contre lui augmentent. Les services secrets français ainsi que l'extrême droite française sont à sa poursuite.

La vie de Fanon comme révolutionnaire a commencé. Cela ne veut pas dire qu'il a abandonné l'écriture. Au cours des dernières années de sa vie, il écrira trois ouvrages sur les conditions de possibilité de la révolution : *L'An V de la révolution algérienne* (1959), *Les Damnés de la terre* (1961) et *Pour la révolution africaine* (1964).

4. La violence révolutionnaire

« Ceux qui rendent une révolution pacifique impossible rendront une révolution violente inévitable. »
John F. Kennedy, discours du 13 mars 1962.

C'est dans le contexte sanglant de la guerre en Algérie que Fanon élabore sa théorie sur la violence révolutionnaire. Fanon rejoint ainsi une tradition révolutionnaire dont les héritiers, de diverses manières, ont mis l'accent sur le célèbre principe de la Révolution française, à savoir le droit de « résistance à l'oppression ». Ce droit appartient aux « droits naturels et imprescriptibles de l'homme » (selon l'article II de la Déclaration des droits de l'homme et du citoyen de 1789). Quelques années plus tard, dans la Déclaration de 1793, ce droit est même interprété par

Robespierre comme un *devoir* de se rebeller : « Quand le gouvernement viole les droits du peuple, l'insurrection est pour le peuple, et pour chaque portion du peuple, le plus sacré des droits et le plus indispensable des devoirs » (article XXXV).

Autrement dit, la violence révolutionnaire en Algérie n'aurait pas dû être perçue comme un scandale pour les Français, si ce n'était justement l'incapacité de la France à apercevoir sa propre violence – symbolique et physique – envers le peuple colonisé.

Dans sa critique de la gauche française, qui vise à la fois sa passivité et son indignation à l'égard des soulèvements, **Fanon souligne la nécessité de voir la révolution comme une réponse à la violence inhérente à l'ordre colonial**. Sa défense de la violence est une défense de la contre-violence fidèle à l'esprit de la Résistance française, qui avait choisi d'utiliser la violence contre le régime nazi. Il y eut aussi des Français qui partageaient l'avis de Fanon. Dionys Mascolo, par exemple, a défendu la révolution des Algériens en termes similaires. En effet l'auteur justifie les soi-disant crimes des terroristes arabes en utilisant les mêmes principes que ceux revendiqués par les Résistants durant l'Occupation.

L'expérience historique en Algérie montre, selon Fanon, que **l'on ne peut pas négocier avec la puissance coloniale française.** L'oppression violente ne constitue pas une phase temporaire et accidentelle. La présence française en Algérie se caractérise dès le début par des massacres, des camps de regroupement, des « ratonnades » et une déshumanisation systématisée de la population indigène. Les décennies qui suivent la conquête de 1830, les troupes coloniales françaises répriment la résistance des Algériens, qui culminent en terre de sang. Le maréchal Thomas Robert Bugeaud invente la tactique de la razzia : « Il faut détruire des villages, couper les arbres fruitiers, brûler ou arracher les récoltes, vider les silos, fouiller les ravins, les roches et les grottes, pour y saisir les femmes, les enfants, les vieillards, les troupeaux et le mobilier ; ce n'est qu'ainsi qu'on peut faire capituler ces fiers montagnards » (cité dans Macey, 2001). Une commission royale de la même période observe que « nous avons débordé en barbarie les barbares que nous venions civiliser. »

Il est généralement affirmé que la lutte pour l'indépendance algérienne ne commence qu'en 1954. C'est une image fallacieuse. La résistance contre les Français prend forme sous Abd el-Kader dans les années 1830 et se ranime épisodiquement jusqu'à la déclaration d'indépendance en 1962. Le massacre de Sétif le 8 mai 1945 marque une importante étape dans la mobilisation de la résistance nationale. Durant la célébration de la capitulation allemande, des nationalistes algériens saisissent l'occasion pour rappeler leur droit à la liberté et à l'indépendance. Les manifestants bravent l'interdiction de porter des symboles et refusent de céder aux menaces des forces de l'ordre. Les manifestants scandent « À bas le colonialisme » et « Nous voulons être vos égaux ». Le bilan est à plus de cent Européens tués et des milliers, voire, selon les sources consultées, des dizaines de milliers du côté des Algériens.

Après les massacres, le pouvoir colonial interdit tous les partis algériens proclamant l'indépendance. Une grande partie du peuple algérien ne doute plus : les nombreux discours de la France sur la liberté, l'égalité et la fraternité n'étaient que paroles destinées à voiler des intérêts bien plus avides de pouvoir.

Du point de vue de Fanon, **les massacres et tortures montrent jusqu'à quel point la France**

était prête à aller pour maintenir le statu quo. Chaque expression violente engendre une réplique d'actions enchaînées dont l'objectif ultime est de protéger les privilèges existants.

La description de Fanon sur la violence révolutionnaire comprend un certain nombre d'aspects essentiels.

Premièrement, **elle représente une sorte de moment de vérité**. Elle exprime la prise de conscience du colonisé que l'ordre établi refuse tout dialogue. La puissance coloniale ne s'assiéra pas à la table des négociations si elle n'y est pas contrainte. **Le colonialisme, dit Fanon, n'est pas une machine à penser. « Il est la violence à l'état de nature et ne peut s'incliner que devant une plus grande violence. »** Cela ne signifie rien de moins que c'est le système lui-même qui a indiqué au colonisé les chemins de la liberté. L'ancienne doctrine coloniale de l'infériorité intellectuelle du colonisé se trouve ainsi radicalement renversée. Au contraire, c'est désormais le colonisé qui affirme que les colons ne comprennent que la force. De plus, la révolte anticoloniale au Vietnam et la victoire emblématique du Viet-Minh à Diên Biên Phu, en 1954, dévoilent aussi à tout pays colonisé qu'il est possible de vaincre les grandes puissances européennes.

Deuxièmement, **la violence constitue une forme de catharsis pour le colonisé**. Il se libère enfin de son infériorité à travers la violence. Car il ne perçoit plus les hommes européens comme appartenant à une tout autre nature, étant par conséquent intouchables. La violence a un effet purificateur sur le colonisé : elle le libère simultanément de sa peur, de ses préjugés et de son sentiment d'infériorité. **La révolution, explique Fanon, commence à l'instant où le colonisé affirme ouvertement qu'il est l'égal du colonisateur** – dans la vie comme dans la mort. Il n'attend plus passivement que le régime colonial agisse en son nom mais exige la liberté et l'égalité, ici et maintenant. Fanon se réfère de nouveau à la dialectique du maître et de l'esclave : **ce n'est que lorsque nous acceptons de mourir pour notre liberté que nous pouvons la gagner. Quand la peur de la mort est vaincue, la puissance coloniale perd instantanément son autorité**. Les nombreux symboles de l'appareil de violence – les gendarmes, les chiens, les parades militaires, etc. – sont désormais perçus sous un tout nouvel angle. Ils ne signifient plus : « "Ne bouge pas", mais : "Prépare bien ton coup". » **L'une des conclusions les plus intéressantes de Fanon est que « la "chose" colonisée devient homme dans le processus même par lequel elle se libère ».**

Troisièmement, ils sont soudés par la violence. L'adhésion des colonisés pour la lutte contre l'ennemi extérieur est un facteur unificateur : il permet à la fois d'entraver la stratégie coloniale consistant à « diviser pour mieux régner », et de permettre le défoulement d'une agressivité accrue, devenue en quelque sorte « sédimentée dans les muscles », mais qui n'avait jusqu'à présent trouvé son expression que dans une violence interne et contre-productive entre colonisés.

Pour conclure : **selon l'analyse de Fanon, la violence révolutionnaire transforme foncièrement l'intériorité du colonisé (la conscience) ainsi que son extériorité (la société).** Celles-ci s'articulent ensemble et ne peuvent être ni envisagées ni réalisées séparément. La théorie sur l'effet libérateur de la révolution est, à cet égard, une extension de la notion du socio-diagnostic : **on ne peut être**

libre dans l'esprit si on est prisonnier dans le monde. La liberté, en qualité d'*indépendance*, ne peut par conséquent venir de l'extérieur mais doit être conquise.

Selon Fanon, c'est justement cela qui distingue la Martinique de l'Algérie. Car dans *Peau noire, masques blancs*, Fanon déplore que les Noirs en Martinique n'aient jamais vraiment lutté pour leur liberté. « Historiquement, le nègre, plongé dans l'inessentialité de la servitude, a été libéré par le maître. Il n'a pas soutenu la lutte pour la liberté. » Ce sont les Blancs qui ont aboli l'esclavage en Martinique, et non les Noirs, et cela signifie, selon Fanon que ces derniers n'ont pas pu être *créateurs de leurs propres valeurs*. Seuls ceux qui luttent en risquant la vie sont conscients du prix de la liberté. **La liberté qui mène réellement à l'indépendance doit surgir d'un *non* qui est autant un acte de libération qui défie la mort qu'un acte de création**. Fanon cite Hegel : « L'individu qui n'a pas mis sa vie en jeu peut bien être reconnu comme personne, mais il n'a pas atteint la vérité de cette reconnaissance d'une conscience de soi indépendante. »

Comme nous l'avons vu, Fanon se déplace de plus en plus de la révolte individuelle à la révolte collective. Tandis que Fanon, phénoménologue et psychiatre, s'interroge sur la question de la liberté et de l'indépendance à un niveau plus psychologique, Fanon révolutionnaire l'examine sous les douleurs d'accouchement d'une nation entière. **Comment se gagne véritablement l'indépendance nationale ? Que signifie-t-elle ? Peut-on vraiment parler de la nation en termes de conscience collective ? Quelle est la relation entre l'individu et le collectif dans le nationalisme révolutionnaire ?**

5. Les opportunités et les pièges du nationalisme

> « Le principe de toute souveraineté réside essentiellement dans la nation.
> Nul corps, nul individu ne peut exercer d'autorité qui n'en émane expressément. »
> Article III de la Déclaration des droits de l'homme et du citoyen du 26 août 1789.

Deux camps déraisonnables se font face pendant la guerre d'indépendance. La diabolisation mutuelle augmente. À la formule « Tous les indigènes sont pareils », le colonisé répond : « Tous les colons sont pareils. » La lutte armée oblige les Algériens à la **responsabilité mutuelle**, les contraint à assumer les victimes tombées des deux côtés et les engage à vouer leur vie à l'idée d'une « histoire collective » et un « destin national ». Soit on est avec la nation, soit contre elle ; soit on contribue à la lutte révolutionnaire, soit on l'obstrue. **La violence contre l'ennemi extérieur renforce la cohésion interne :**

« Cette praxis violente est totalisante, puisque chacun se fait maillon violent de la grande chaîne, du grand organisme violent surgi comme réaction à la violence première du colonialiste. Les groupes se reconnaissent entre eux et la nation future est déjà indivise. La lutte armée mobilise le peuple, c'est-à-dire qu'elle le jette dans une seule direction, à sens unique » (DT, p. 495).

Le nationalisme nationalise la vie affective. Au lieu d'être en conflit les uns avec les autres, l'individu et le peuple commencent à se souder par un objectif commun.

Bien que Fanon ne se réfère pas explicitement à l'analyse de Sartre dans ce cas précis, il semble être inspiré par sa distinction entre *série et groupe*, distinction que l'on trouve dans *Critique de la raison dialectique*. **La *série* désigne le fait que tous les individus sont potentiellement en conflit les uns avec les autres parce qu'ils sont rivaux.** Cette rivalité submerge du fait qu'ils aspirent aux mêmes ressources limitées (Sartre exemplifie avec des Parisiens faisant la queue à un arrêt de bus). **Dans le cas du *groupe*, l'ensemble collectif incite à poursuivre un seul objectif commun** et, ainsi, de passer d'une « foule atomisée » à « un groupe en fusion » (Sartre l'exemplifie avec la prise de la Bastille).

Fanon a parfois tendance à oublier **qu'une telle fusion exige simultanément une sorte de terreur interne** : de manière similaire aux révolutionnaires français, les dirigeants du FLN exigent une loyauté absolue dans leur « propre » camp. Toute opinion ou position qui s'écarte de la ligne officielle se voit accusée de trahison ou d'activité contre-révolutionnaire. Les discours révolutionnaires de Fanon sur l'unité nationale semblent surtout être mis en avant dans *L'An V de la révolution algérienne (Sociologie d'une révolution)* publié en 1959, dans lequel il exploite une dimension sociologique de la révolution. Malgré les preuves évidentes du contraire il y affirme « que la forme et le contenu de l'existence nationale existent déjà en Algérie » (*L'An V*, p. 265).

Fanon exprime un avis différent ailleurs. Dans *Les Damnés de la terre*, il écrit, que l'unité nationale doit être générée par l'action. Car **la nation n'existe pas en tant que telle : il faut l'inventer**. Et il relie ce constat avec une de ses idées principales : **l'acte de liberté est un acte de création**. L'unité nationale n'est possible que dans la mesure où les Algériens décident de lutter ensemble pour la réaliser. Ce n'est que dans et à travers la lutte que la culture nationale algérienne assume une forme, un contenu et une solidité.

Probablement les voyages de Fanon, pour le FLN, à travers l'Afrique l'ont amené à prendre conscience des pièges du nationalisme. Il perçoit dès lors comment les pays africains, avant comme après l'indépendance, sont divisés en tribus, en groupes ethniques et religieux. Les antagonismes augmentent non seulement dans les pays indépendants mais aussi entre eux : nous obtenons une Afrique blanche et une Afrique noire, une Afrique du Nord et une Afrique subsaharienne, une Afrique chrétienne et une Afrique musulmane, etc.

Une mentalité sectaire se propage et dissout l'unité euphorique des débuts de la révolution et éclatera finalement en guerres civiles, faisant apparaître de nouvelles formes de racismes. Fanon découvre bientôt que la violence nationaliste en Algérie est non seulement dirigée contre un présumé ennemi extérieur mais se braque également contre les Algériens. Le FLN commence à exécuter des actes de violence de plus en plus spectaculaires contre tous ceux qui sont soupçonnés de ne pas adhérer au mouvement de tout cœur. « Se désintéresser de la lutte est un crime… contrecarrer l'action est une trahison », pouvait-on lire dans une brochure que l'ALN (Armée de libération nationale), la branche armée du FLN, propageait dans toute l'Algérie. **Au rêve de la fraternité se joint une terreur répandue contre ceux qui initialement étaient supposés vivre ensemble comme des « frères ».**

Fanon tente de tenir compte de ces déceptions dans *Les Damnés de la terre*. Il souligne maintenant qu'il n'est pas suffisant de vaincre la puissance coloniale pour devenir un État qui est librement et indépendamment capable de réaliser son propre destin. Il faut beaucoup plus que de nouveaux drapeaux et de beaux slogans pour traiter les contradictions qui pourraient diviser la nation, cette fois, de l'intérieur.

Le problème le plus fondamental de la lutte armée est, selon Fanon, l'absence d'un modèle capable de canaliser l'ivresse révolutionnaire initiale en réformes profondes et nécessaires. Un des pièges du nationalisme est précisément qu'il repose en grande partie sur la désignation d'ennemis, demeurant peu soucieux d'un contenu positif. Par là, on aboutit à une révolution qui ne construit pas une nouvelle société mais qui se contente simplement de purifier ce qui existe, comme si le bien suivait automatiquement l'expulsion du mal. Contrairement à son optimisme antérieur, Fanon explique maintenant que **la conscience nationale risque constamment de devenir « une forme sans contenu ».**

Fanon rappelle également à ses lecteurs que le processus historique déjoue rétroactivement les points de départ que le nationalisme considère comme acquis. Car tout ce qui a été présenté comme étant clair et simple dans la phase primitive et manichéenne – Blanc contre Noir, Européen contre Arabe, le bien contre le mal, nous contre eux, etc. – devient un héritage particulièrement difficile à assumer à l'aube de l'indépendance. Au lieu de vivre avec une vérité évidente, la nouvelle nation fait face à « des vérités partielles, limitées, instables » :

« Le peuple comprend alors que l'indépendance nationale met au jour des réalités multiples qui, quelquefois, sont divergentes et antagonistes. L'explication, à ce moment précis de la lutte, est décisive car elle fait passer le peuple du nationalisme global et indifférencié à une conscience sociale et économique » (DT, p. 536).

Il s'avère, par exemple, qu'il existe des « Noirs qui sont plus blancs que les Blancs » et des Français qui sont beaucoup plus révolutionnaires que les Algériens.

Fanon a certainement à l'esprit des Français comme Francis Jeanson, Dionys Mascolo, André Mandouze, Jean-Paul Sartre, Simone de Beauvoir et Marguerite Duras – tous ceux qui se sont engagés de différentes manières pour lutter pour les droits du peuple algérien. Le fameux Manifeste des 121, publié en septembre 1960, intitulé *Déclaration sur le droit à l'insoumission dans la guerre d'Algérie* soutient que « la cause du peuple algérien… est la cause de tous les hommes libres » (cf. Hamon et Rotman, 1979).

Nous pourrions comparer la défense initiale de Fanon de la négritude avec son ralliement initial au nationalisme algérien. Dans les deux cas, la mobilisation collective nécessite l'appropriation d'une identité qui avait été marginalisée durant la période coloniale. Mais **les rêves de l'identité doivent ensuite céder la place à une « conscience sociale et politique »** **concrète.** Dans cette deuxième étape, il ne s'agit donc plus de découvrir une nation que l'on croyait déjà exister, mais de **créer une société habitable, capable de redonner au peuple algérien sa véritable valeur humaine et de le libérer de tous replis identitaires fallacieux.** Il ne faut pas, écrit Fanon, « se contenter de plonger dans le passé du peuple pour y trouver des éléments de cohérence vis-à-vis des entreprises falsificatrices et péjoratives du colonialisme ». Car **le nationalisme est également susceptible de devenir un racisme antiraciste qui reproduit les détestables élaborations identitaires.**

À UN NIVEAU ORGANISATIONNEL, le problème principal, selon Fanon, consiste en ce que la direction de la nouvelle nation n'est pas prête à endosser son rôle historique. Elle manque l'aptitude de lancer un programme social et politique capable de réaliser la justice et l'égalité. Le résultat en est la méfiance mutuelle qui prolifère entre les différentes classes sociales et entre les différents groupes ethniques du pays. Cela se révèle surtout vrai pour la période qui suit l'indépendance puisque les nouvelles élites s'accrochent à leurs privilèges et passent « les deux tiers de leur temps à surveiller les alentours, à prévenir le danger qui les menace, et l'autre tiers à travailler pour le pays ».

Fanon attaque toute bourgeoisie dans le tiers-monde pour s'être identifiée aux intérêts et aux modes de vie des colonisateurs. Au lieu de servir le peuple, la bourgeoisie sert les intérêts économiques de l'ancienne puissance coloniale et fournit une forme néocoloniale à l'ancien appareil de pouvoir. De nouveaux murs se dessinent entre le centre et la périphérie, entre la ville et la campagne et au fur et à mesure, le népotisme, la corruption, le militarisme et la centralisation du pouvoir s'accentuent (cf. Táíwò, 1996).

Casino
Centre Commercial
Palais Présidentiel
Centre ville
raffineries
Club Med

Mais comment pouvons-nous sortir des impasses du nationalisme ? Comment finir avec l'énorme appétit de puissance bourgeoise ? Comme la négritude, le nationalisme étroit doit être dépassé et devenir un élément du mouvement dialectique vers une véritable « reconnaissance mutuelle » et une « fraternité » universelle. **La nation ne peut être dissoute, mais doit servir de tremplin pour la création d'une conscience politique globale qui inclurait des principes clairs sur la façon dont les ressources de la planète doivent être allouées et comment les relations internationales devraient être conçues.**

C'est avec cet idéal en tête que Fanon entreprend son voyage à travers l'Afrique en tant qu'ambassadeur de la révolution algérienne. Il visite Accra, Conakry, Monrovia, Addis Abeba, Léopoldville, Bamako et Le Caire, entre autres. Il rencontre et s'entretient avec des chefs d'État et des personnalités importantes comme le Ghanéen Kwame Nkrumah, le Camerounais Félix-Roland Moumié, l'Angolais Holden Roberto, le Congolais Patrice Lumumba, le Kenyan Tom Mboya et le Malien Modibo Keita. L'objectif est double : d'une part, il veut gagner le soutien pour la lutte algérienne, et d'autre part, il veut mobiliser un mouvement panafricain plus vaste. Il nourrit une vision des « États-Unis d'Afrique ». En tant que représentant permanent du GPRA à Accra, au Ghana, il participe à la première Conférence des Peuples africains (5-13 décembre 1958) où la question de la coopération entre les États africains sera centrale. La lutte pour la liberté et l'indépendance nationale en Algérie, dit-il, est « dialectiquement liée à la lutte contre le colonialisme en Afrique ». Fanon espère que l'Algérie sera une sorte de Diên Biên Phu africain, un raisonnement qui nous rappellera de manière frappante les tactiques de Che Guevara : pour vaincre l'impérialisme mondial « il faut créer un, deux, trois… de nombreux Vietnam ».

Ses efforts pour sortir du cadre national afin d'embrasser toute l'humanité deviennent perceptibles par l'élargissement qu'il donne au terme « nous ». À partir de cette période, **Fanon parle de lui-même, non seulement en tant que citoyen de l'Algérie, mais aussi en tant que citoyen de l'Afrique.** « Nous les Algériens » s'élargira pour embrasser progressivement des communautés de plus en plus larges – d'abord la communauté africaine, ensuite le tiers-monde et enfin l'humanité en général. Quelques notes dans un carnet de voyage de Fanon révèlent ses espoirs pour la créativité révolutionnaire du continent :

« Mettre l'Afrique en branle, collaborer à son organisation, à son regroupement derrière des principes révolutionnaires. Participer au mouvement ordonné d'un continent, c'était cela en définitive que j'avais choisi [...]. L'Afrique de tous les jours, oh ! Pas celle des poètes, pas celle qui endort, mais celle qui empêche de dormir, car le peuple est impatient de faire, de jouer, de dire. Le peuple qui dit : "Je veux me construire en tant que peuple, je veux bâtir, aimer, respecter, créer" » (PRA, p. 860-861).

6. Le nouvel humanisme
et l'homme nouveau

« *La moitié de la révolution* du monde est déjà faite ; l'autre *moitié* doit s'accomplir. » Maximilien Robespierre, discours *Sur les rapports des idées religieuses et morales avec les principes répu- blicains, et sur les fêtes nationales* du 18 floréal an II (7 mai 1794).

Comment Fanon conçoit-il le monde tel qu'il naîtra après l'indépendance ? Qu'est-ce qui caractérise le nouvel humanisme auquel Fanon fait allusion ?

Fanon nous livre au moins deux orientations principales. La première orientation comprend la création de quelque chose *d'absolument nouveau*. La révolution algérienne indique à cet égard une sorte de rupture fondamentale avec le passé. Nous retrouvons des éléments de cette conception de l'histoire dans *Peau noire, masques blancs*, où Fanon insiste sur l'originalité radicale et l'imprévisibilité de la négritude par rapport au schéma dialectique de Sartre. Aucune évolution historique ne peut prédire et déterminer le mouvement soudain et unique que représente la négritude. « Contre le devenir historique, il y avait à opposer l'imprévisibilité. » La révolte est un acte qui refonde l'histoire, car « la main de l'histoire, c'est la main de l'homme », déclare Fanon. Il considère la lutte pour l'indépendance dans les mêmes termes : « Il est rigoureusement faux de prétendre et de croire que cette décolonisation soit le fruit d'une dialectique objective qui prend plus ou moins rapidement les apparences d'un mécanisme absolument inacceptable » (PRA, p. 172f).

Dans *Les Damnés de la terre*, Fanon affirme que la révolte est l'expression de l'originalité « absolue » de ceux qui se révoltent. L'histoire est créée par les hommes, non par des lois entièrement objectives. De la même façon, la violence

révolutionnaire n'aspire pas à la réconciliation au sens dialectique, au contraire, elle est présentée comme un programme visant à créer le « désordre absolu ». Le *nouvel humanisme* qui est en train de naître dans les colonies n'est en effet pas le fruit de négociations, de supplications et de compromis. **L'homme nouveau se distingue par sa volonté de rompre complètement avec l'ordre existant**. Dans un ton qui nous évoque le règlement de comptes des Jacobins avec l'Ancien Régime, Fanon parle de la nécessité d'un monde nouveau où il ne reste aucune trace du colonialisme :

« Disloquer le monde colonial ne signifie pas qu'après l'abolition des frontières on aménagera des voies de passage entre les deux zones. Détruire le monde colonial c'est ni plus ni moins abolir une zone, l'enfouir au plus profond du sol ou l'expulser du territoire » (DT, p. 455).

C'est aussi dans cette perspective que nous devons comprendre son utilisation du terme tiers-monde. En effet, c'est surtout dans ce monde-là que Fanon trouve la force réunie, l'union de tous les « damnés de la terre », qui est destinée à briser l'histoire pour offrir une alternative à la fois à l'Europe et aux idéologies de la guerre froide.

Le tiers-monde ne doit pas se contenter, écrit Fanon, de s'appuyer sur des valeurs déjà présentes. Au contraire, il doit mettre en valeur ses propres principes, ses propres méthodes et son propre mode de vie : **« Décidons de ne pas imiter l'Europe et bandons nos muscles et nos cerveaux dans une direction nouvelle. Tâchons d'inventer l'homme total que l'Europe a été incapable de faire triompher. »**

D'autre part, **Fanon n'oublie jamais la différence entre le colonialisme français et la civilisation française.** La rupture avec la puissance coloniale française ne signifie pas que l'on doive désavouer la culture française dans son intégralité. Le principe hégélien que Fanon formule dans *Peau noire, masques blancs* réapparaît de différentes manières dans *Les Damnés de la terre* : « L'homme n'est humain que dans la mesure où il veut s'imposer à un autre homme, afin de se faire reconnaître par lui. » **Si la violence**

ne visait qu'à un anéantissement radical du passé, le mouvement de la dialectique vers une « reconnaissance mutuelle » serait perdu. Quand Fanon affirme que la France et la civilisation européenne ont reposé sur des « fondements singuliers », cela implique que l'objectif doit être la création de meilleurs fondements qui soient plus universels.

Ici, nous avons donc une ligne plus dialectique de la pensée dans laquelle **le nouvel humanisme est présenté comme un approfondissement et une amélioration de l'ancien.** Au lieu de la discontinuité et de la rupture, nous rencontrons la continuité et le mouvement dialectique. Le nouvel humanisme ne se montre pas comme étant en opposition radicale avec l'ancien humanisme – pas plus que la nouvelle révolution (algérienne) est présentée comme une opposition à l'ancienne révolution (française). Au contraire, dans l'une des déclarations nationalistes algériennes, publiée dans *El Moudjahid*, la révolution algérienne est comprise comme une continuation de « la pure tradition de la France révolutionnaire ». Adhérant à cette perspective, Fanon se réfère, comme nous l'avons déjà vu, aux concepts cruciaux de la tradition révolutionnaire française – l'humanisme, la nation, l'égalité, la liberté et l'indépendance. Il n'y voit même pas la nécessité d'inventer des concepts entièrement nouveaux.

À la fin des *Damnés de la terre*, Fanon va même jusqu'à prétendre que « tous les éléments d'une solution aux grands problèmes de l'humanité ont, à des moments différents, existé dans la pensée de l'Europe ». Le problème a été que les Européens n'ont pas pris la pleine responsabilité de réaliser leurs propres thèses prodigieuses :

« Mais l'action des hommes européens n'a pas réalisé la mission qui lui revenait et qui consistait à peser avec violence sur ces éléments, à modifier leur arrangement, leur être, à les changer, enfin à porter le problème de l'homme à un niveau incomparablement supérieur » (DT, p. 675).

L'analyse rappelle distinctement la description de Marx de la dynamique interne du capitalisme et de la façon dont le sujet historique, la classe bourgeoise, porteur du changement révolutionnaire à un moment donné, doit maintenant céder la place à un sujet nouveau et beaucoup plus révolutionnaire : le prolétariat.

Contrairement à la bourgeoisie, **le prolétariat incarne l'espoir d'un principe véritablement universel** parce que, contrairement à toutes les autres classes précédentes qui ont pris le pouvoir, les prolétaires « n'ont rien à sauvegarder qui leur appartienne ». Le prolétariat, soutient l'auteur du *Manifeste du parti communiste*, ne peut se soulever, se redresser, sans faire sauter toute la superstructure des couches qui constituent la société officielle. Comment ?

Marx avait déjà présenté la réponse dans *Contribution à la critique de La philosophie du droit de Hegel* de 1843 : l'objectif de la lutte politique doit être d'analyser les contradictions historiques qui engendrent le prolétariat comme sujet révolutionnaire, et d'activement contribuer à sa formation pour devenir « une classe qui soit la dissolution de toutes les classes ». Le prolétariat reçoit son caractère universel à travers ses souffrances universelles et il ne revendique donc pas de *droit particulier*, « parce qu'on ne lui a pas fait un *tort particulier*, mais un tort en soi ». Marx voit dans cette sphère la promesse d'une humanité nouvelle :

« Le prolétariat doit former une sphère qui ne puisse s'émanciper sans s'émanciper de toutes les autres sphères de la société et sans, par conséquent, les émanciper toutes, qui soit, en un mot, la *perte complète* de l'homme, et ne puisse donc se reconquérir elle-même que par le *regain complet de l'homme.* »

C'est à l'aide d'un argument similaire que Fanon affirme que l'Europe doit faire place à un nouveau sujet historique. L'Europe représente – comme la bourgeoisie pour Marx – un ordre ancien qui doit succomber afin que le nouvel humanisme puisse prendre forme. **Le pouvoir de changer, le nouveau moteur du développement historique, se trouve ainsi dans le tiers-monde** auquel il incombe de « recommencer l'histoire de l'homme ». Fanon rompt ensuite avec le marxisme classique : au lieu d'attribuer une place à part au prolétariat **il annonce un nouveau protagoniste révolutionnaire, à savoir la paysannerie.** C'est elle qui formera le noyau du mouvement révolutionnaire. Contrairement à l'élite locale, à savoir la bourgeoisie et les têtes des partis politiques, les paysans ne se sont pas identifiés à l'ancienne élite coloniale.

Cependant, Fanon reste sceptique sur la procédure et la réalisation révolutionnaire par ce même groupe. Car même si les paysans incarnent les sujets libérateurs, Fanon se méfie en même temps de la capacité des paysans de mener à bien la révolution par leurs propres moyens. **Sa démarche intellectuelle rappelle la théorie léniniste, à savoir l'organisation d'une direction révolutionnaire capable de soulever le peuple, d'élargir sa pensée et de l'organiser.** S'impose ici une tension entre une élite éclairée et avant-gardiste et les masses comme les sujets de l'histoire à libérer :

« C'est la base qui se bat en Algérie et cette base n'ignore pas que sans son combat quotidien, héroïque et difficile, le sommet ne tiendrait pas. Comme elle sait que sans un sommet et sans une direction la base éclaterait dans l'incohérence et l'anarchie » (DT, p. 580).

Dans ce contexte, on doit souligner que **Fanon discute à peine la dimension arabo-islamique du nationalisme algérien**. En fait, son humanisme strictement laïc signifie qu'il diverge de plusieurs manières des proclamations officielles du FLN dans lesquelles il est toujours affirmé que l'Algérie est un État arabe avec l'islam comme religion officielle (cf. Gadant, 1988).

Fanon, dont les principales idées ressortent de l'esprit laïc français des Lumières, ne laisse jamais la place à une volonté divine ou à un peuple algérien ethniquement défini. **Le nationalisme, insiste-t-il est une question de *volonté*** ; et non pas de race ou de religion, etc. La volonté, d'après la perspective de Fanon, s'incarne dans la décision d'attacher son destin au nouveau gouvernement algérien que la révolution vise à engendrer. C'est pour cela qu'il peut adhérer avec une telle facilité à la phrase tant citée « nous, Algériens ».

Étant donné que Fanon écrit pour *El Moudjahid*, qui signifie en arabe « celui qui lutte au nom de la foi », son poste de porte-parole de la révolution algérienne est indéniablement exceptionnel, voire extrêmement difficile – un Martiniquais noir qui se réfère constamment à l'héritage révolutionnaire français et qui ne pratique ni l'arabe ni l'islam.

Cela est probablement la raison pour laquelle Fanon est non seulement marginalisé dans l'historiographie française après l'indépendance, mais aussi dans l'historiographie algérienne.

Le code de la nationalité algérienne, adopté en 1962, définit la nation en termes ethniques et religieux et se trouve, donc, aux antipodes des visions et des attentes de Fanon. L'islam est élevé au rang de religion d'État et la « dictature tribale », que Fanon avait tant redouté, se mettra en place en septembre 1963 quand un référendum approuvera le système de parti unique en Algérie. Au lieu de la conscience sociale et politique dont Fanon rêvait, le pouvoir se retrouve dans les mains d'une petite élite et d'une armée bureaucratisée dotées d'une rhétorique islamisante et arabisante.

YES WE COULD

7. Les contradictions de la libération

Comment comprendre la relation entre les différents courants d'idées qui sont présents dans l'œuvre de Fanon ? Est-il vraiment possible d'associer la phénoménologie existentialiste, le marxisme et la psychanalyse ? Comment ces éventuelles contradictions théoriques influent-elles sur ses conceptions du nouvel humanisme et de la libération de l'homme ?

Il paraît y avoir dans son œuvre une profonde tension entre les concepts appartenant à la tradition hégélo-marxiste (l'aliénation, la dialectique, la fraternité, l'homme nouveau, l'expiation, etc.) et les notions relevant de la psychanalyse (l'inconscient, l'envie, le désir, l'imitation, l'ambivalence, etc.).

En concordance avec la première tradition, **Fanon parle de « remettre l'homme à sa place » et de « réintroduire l'homme dans le monde en vue de créer un homme "total et neuf" »**. Fanon semble ici désigner une sorte de réconciliation entre l'homme et l'être, entre la culture et la nature et entre les hommes. Une véritable libération de l'aliénation et de l'oppression, écrit-il, exige que tout soit remis à sa place. Fanon avait étudié la *Critique de la raison dialectique* de Sartre (publiée un mai 1960) avec beaucoup d'enthousiasme et, pendant ses rencontres avec Sartre à Rome, tous deux s'étaient longuement entretenus sur cet ouvrage.

Les deux auteurs étaient préoccupés par la potentialité du sujet opprimé à réaliser la dialectique historique par l'invention d'un nouvel humanisme. Comme nous l'avons rappelé, le thème était déjà au cœur de leurs analyses de la négritude : en fin de compte, on ne peut se contenter de s'enfoncer dans la nuit absolue, on ne peut se reposer sur le particularisme, puisque l'objectif doit toujours (être de) parvenir à l'universel. À la fin des *Damnés de la terre*, Fanon se fait de manière similaire porte-parole, non seulement des colonisés, mais aussi des Européens et de l'humanité tout entière :

« Pour l'Europe, pour nous-mêmes et pour l'humanité, camarades, il faut faire peau neuve, tenter de mettre sur pied un homme neuf » (DT, p. 676).

Cependant **la psychanalyse part d'un sujet fragmenté qui est en conflit constant non seulement avec lui-même, mais aussi avec l'autre.** Cette tradition refuse la réconciliation promise avec l'Être aussi bien que l'harmonie tant attendue avec l'autre. L'idée d'un homme radicalement nouveau semble également impossible ; **l'existence même de l'inconscient élimine le rêve révolutionnaire de faire table rase du passé.** Au contraire, nous avons affaire à un sujet dont le désir, mimétique et incontrôlable, semble foncièrement miner les promesses d'un nouvel humanisme. Ainsi Fanon s'inspire de penseurs tels que Sigmund Freud, Carl Gustav Jung, Alfred Adler, Octave Mannoni, Germaine Guex et Jacques Lacan, entre autres. **Il scrute à la loupe un sujet qui tend inlassablement à se retrouver dans un monde toujours insaisissable ;** un sujet qui, par ses identifications ambivalentes se confronte à des contradictions et des mésententes difficiles à surmonter. S'accordant à la thèse freudienne, **Fanon conçoit le processus d'identification comme l'insistance du moi à assimiler des modèles extérieurs à lui.** Nous avons vu comment il analyse les différentes identifications du colonisé, produites par la situation coloniale : devenir aussi blanc ou aussi noir que possible, aussi algérien ou aussi français que possible. Dans les deux cas, le sujet fait face à des paradoxes, où même à des impasses, pénibles à dépasser.

L'ESPOIR HÉGÉLO-MARXISTE DE TRANSCENDER TOUT PARTICULARISME se heurte à sa compréhension psychanalytique et à ses analyses concrètes de la situation coloniale, dans laquelle le sujet se trouve ancré. Que signifie que les esclaves désirent la reconnaissance de leurs maîtres ? Et quelles sont les conséquences d'une aspiration à être comme leurs maîtres ? Dans *Les Damnés de la terre*, Fanon introduit effectivement une analyse qui est en contraste frappant avec le rêve d'une nouvelle humanité. Le colonisé, dit Fanon, ne désire pas simplement ressembler au colon – *il désire le remplacer et jouir à sa place.*

Au moment où la révolution prend forme, il est de plus en plus animé par « l'impulsion à prendre la place du colon ». Permettez-moi de citer ce paragraphe (trop souvent négligé dans les études sur Fanon) dans sa totalité :

« Le regard que le colonisé jette sur la ville du colon est un regard de luxure, un regard d'envie. Rêves de possession. Tous les modes de possession : s'asseoir à la table du colon, coucher dans le lit du colon, avec sa femme si possible. Le colonisé est un envieux. Le colon ne l'ignore pas qui, surprenant son regard à la dérive, constate amèrement mais toujours sur le qui-vive : "Ils veulent prendre notre place." C'est vrai, il n'y a pas un colonisé qui ne rêve au moins une fois par jour de s'installer à la place du colon » (DT, p. 454).

L'ESCLAVE ENFERMÉ DANS L'AMERTUME DU DÉSIR mimétique semble difficile à réconcilier avec l'idée de l'homme total et nouveau. Car si l'esclave veut prendre la place du maître et jouir de ses richesses, cela implique que l'esclave veut ce qui distingue le maître – à savoir, qu'il a des sujets. Fanon révèle comment **le désir colonial s'articule toujours en relation avec *la place de l'autre***. Cela ne concerne certainement pas seulement le désir du colonisé, mais aussi le désir du colon qui, à son tour, craint de perdre sa place et donc la jouissance qui l'accompagne. N'oublions pas que le colon fait face à une situation vulnérable, situation qui consiste à protéger et à reconquérir l'identité (avec laquelle il ne fait qu'un selon le mythe colonial). La relation entre le colonisé et le colonisateur est, à cet égard, moins dialectique que désespérément fantasmatique – c'est de toute évidence puisque le colonisé apparaît, aux yeux du pouvoir colonial, comme le double qu'il a lui-même élevé (cf. Bhabha, 1993).

Selon une telle lecture, la devise de remettre l'homme à sa place, ou bien la volonté de créer une nouvelle humanité en rompant avec tous les « mimétismes nauséabonds », semble insuffisante. **La question** sera plutôt de savoir comment éviter la répétition de la violence et les relations de pouvoir qui surgissent quand les anciens opprimés reprennent les stratégies, les identifications et les institutions de leurs anciens oppresseurs.

En guise de conclusion

Fanon a choisi. Il est devenu algérien.
Il n'est pas facile de se souvenir d'un homme
comme celui-là en France.
Aimé Césaire, « La révolte de Frantz Fanon ».

Contre toute attente, ce n'est ni la guerre ni les tentatives d'assassinat de l'extrême droite française qui ont finalement fait taire ce révolutionnaire qui a toujours déclaré qu'il était prêt à mourir et à tuer pour la liberté. Le 8 décembre 1961, seulement six mois avant la déclaration d'indépendance de l'Algérie, Fanon meurt d'une leucémie dans un hôpital aux États-Unis. Son corps est transporté en Algérie où il est inhumé la semaine qui suit son décès. Krim Belkacem, le vice-président du Gouvernement provisoire de la République algérienne (GPRA), lui rend ses honneurs :

Frantz Fanon ! Tu as consacré ta vie au service de la liberté, de la dignité, de la justice et du bien. Ta perte nous cause une grande douleur. [...] Frantz Fanon ! Ton exemple restera toujours vivant. Repose en paix ! L'Algérie ne t'oubliera pas !

La guerre dure encore six mois. L'Algérie baigne dans le sang lorsque les extrémistes de droite français de l'OAS (Organisation Armée Secrète) attaquent tous ceux qui sont soupçonnés de soutenir l'indépendance de l'Algérie, tandis que les nationalistes algériens se lancent sur tous ceux soupçonnés de faire obstacle à l'indépendance. L'exode des populations européennes et juives de l'Algérie commence. Après de longues négociations et des manœuvres astucieuses du président Charles de Gaulle, l'Algérie est déclarée indépendante le 3 juillet 1962.

Bien que la guerre soit officiellement terminée, l'amertume et la méfiance mutuelle ne vont pas disparaître du jour au lendemain. En France, on tente de rapidement refouler l'expérience traumatique de cette guerre sans nom. **Fanon sera lui-même victime de ce refoulement : il devient un personnage que l'on préfère effacer de la mémoire historique.** Même avant la fin de la guerre, la police française saisit tous les exemplaires des *Damnés de la terre* stockés chez l'imprimeur au motif que les ouvrages de Fanon menaceraient la sécurité nationale. **La réception française de l'œuvre de Fanon demeure en grande partie marquée par l'hostilité.**

*

Comme nous l'avons vu, **l'œuvre de Fanon révèle comment le pouvoir colonial, contre ses intentions, fournit aux colonisés les outils nécessaires pour mettre fin au joug.**

Tout d'abord, face à la récurrence de la violence, l'empire colonial français a montré que la domination ne peut être combattue qu'avec la même violence.

Deuxièmement, **il a introduit les principes universalistes – la liberté, l'égalité, la fraternité, etc. –** qui ont eu la force rhétorique de se retourner contre le pouvoir qui les proclamait.

Troisièmement, **il a établi le cadre institutionnel, l'État-nation**, que les colonisés à leur tour peuvent annexer pour leur propre compte – en se référant au principe du droit à l'autodétermination de tous les peuples. Les stratégies, les idéologies et les institutions avec lesquelles l'empire colonial français a cherché à légitimer et à reproduire son existence se transforment, en d'autres termes, en armes mortelles dans les mains de ses sujets. **Fanon montre, pour paraphraser Marx, comment le colonialisme en tant que système produit ses propres fossoyeurs.**

Cela ne constitue que quelques aspects de ce que l'on pourrait appeler le *boomerang colonial*, c'est-à-dire le bouleversement historique qui conduit à la libération officielle des colonies de leurs anciens empires.

Pour Fanon, le processus de libération devient le point de départ du rêve d'un nouvel humanisme et d'une nouvelle humanité. Pour Sartre, cela devient en outre une condition pour la décolonisation à la fois politique et culturelle des colons eux-mêmes : « Nous aussi, gens de l'Europe, on nous décolonise : cela veut dire qu'on extirpe par

une opération sanglante le colon qui est en chacun de nous. »

Les analyses de Fanon ainsi que celles de Sartre sont sans doute trop optimistes. Les destins tragiques des anciens peuples colonisés après l'indépendance ne correspondent guère à la vision de Fanon d'une nouvelle humanité (l'Algérie n'est qu'un exemple), et, quand on se penche sur l'histoire de France depuis 1962, il est difficile de trouver des preuves convaincantes d'une extirpation radicale de l'idéologie coloniale.

Les murs de plus en plus hauts avec lesquels la forteresse Europe protège ses frontières extérieures et intérieures contre les gens des anciennes colonies sont une indication de l'apparition de nouvelles formes de racisme. Les cris éclatent non seulement en France mais dans toute l'Europe : « Les étrangers menacent la civilisation occidentale avec leurs coutumes et traditions étrangères » ou « Le monde chrétien est en train d'être islamisé et transformé au point d'être méconnaissable. » Horrifiés d'avoir à rencontrer des Arabes et des Africains dans leur propre rue, certains groupes néofascistes reviennent même à la terminologie rassurante du discours colonial et parlent de « l'autre » en termes de rats, d'insectes, de parasites, etc. D'autres répondent au *boomerang colonial* avec une idéologie plus insidieuse, un métaracisme qui, au lieu de différences raciales, parle d'insurmontables différences culturelles. Les partis politiques qui protègent les Européens soi-disant authentiques deviennent de plus en plus importants.

Oui, le ton dans l'Europe d'aujourd'hui s'apparente de façon très sinistre au climat politique en Allemagne au début des années 1930. Au lieu d'un nouvel humanisme véritablement universel, nous voyons en réalité comment de nouvelles formes de surveillance policière fondées sur des principes plus ou moins raciaux se combinent avec de nouvelles aventures belliqueuses et impérialistes, et qu'en conséquence les droits de l'homme ne s'appliquent pas aux soi-disant ennemis de la civilisation.

Bibliographie

En ce qui concerne les citations des textes de Fanon, je me réfère sans exception à la nouvelle édition de ses œuvres :

FANON Frantz, *Œuvres*, Paris, La Découverte, coll. « Cahiers libres », 2011.

Le titre de chaque ouvrage est signalé dans le texte en abréviations :

PN : *Peau noire, masques blancs.*

DT : *Les Damnés de la terre.*

L'An V : *L'An V de la révolution algérienne (Sociologie d'une révolution).*

PRA : *Pour la révolution africaine.*

AGERON Charles-Robert (éd.), *Histoire de la France coloniale*, avec la collaboration de Jean Meyer, Jean Tarrade, Anne Rey-Goldzeiguer, Jacques Thobie,

Gilbert Meynier, Catherine Coquery-Vidrovitch, tome 1, *Des origines à 1914*, tome 2, *1914-1990*, Paris, Armand Colin, 1990.

Azar Michael, « In the Name of Algeria : Frantz Fanon and the Algerian Revolution », in *Frantz Fanon. Critical Perspectives*, A.C. Alessandrini (éd.), New York, Routledge, 1999.

— *Frihet jämlikhet, brodermord. Kolonialism och revolution hos Albert Camus och Frantz Fanon* (*Liberté, égalité, fratricide. Colonialisme et révolution chez Albert Camus et Frantz Fanon*), Stockholm, Éditions Brutus Östlings BOKF Symposion, 2001.

— « The stranger, the mother and the Algerian révolution. A postcolonial Reading of Albert Camus » (« L'étranger, la mère et la révolution algérienne. Une lecture postcoloniale d'Albert Camus »), 2012 ; lire (en anglais) à l'adresse : www.eurozine.com/authors/Azar.html

Balibar Étienne et Wallersein Immanuel, *Race, Nation, Classe. Les identités ambiguës*, Paris, La Découverte, coll. « Cahiers libres », 1988.

Beauvoir Simone de, *Pour une morale de l'ambi-guïté*, Paris, Gallimard, 1963, réédition Gallimard, coll. « Folio essais » (n° 415), 2003.

– *La Force des choses*, Paris, Gallimard, 1963, réédition Gallimard, coll. « Folio », tome 1 (n° 764) et tome 2 (n° 765), 1972.

BIKO Steve, « White Racism and Black Consciousness », in *I Write What I Like : A Selection of His Writings*, Aelred Stubbs C.R. (éd.), Oxford, Heinemann, 1987.

BHABHA Homi K., Préface, « Remembering Fanon », *in* Frantz Fanon, *Black Skin, White Masks*, Londres, Pluto Press, 1986.

– *Les lieux de la culture. Une théorie post-coloniale*, Paris, Payot, 2007 (trad. de *The Location of Culture*, New York, Routledge, 1994).

CÉSAIRE Aimé, « La révolte de Frantz Fanon », in *Jeune Afrique*, 13-19 décembre 1961.

CHERKI Alice, *Fanon, portrait*, Paris, Seuil, 2000, réimpr. 2011.

CIXOUS Hélène et CLÉMENT Catherine, *La Jeune née*, Paris, Union générale d'éditions, coll. « 10-18 », 1975.

COURRIÈRE Yves, *La Guerre d'Algérie*, Paris, Fayard, tomes 1 et 2, 2001.

EVENO Patrick et PLANCHAIS Jean, (dossiers et témoignages réunis et présentés par), *La Guerre d'Algérie*, Paris, La Découverte et *Le Monde*, 1989.

Freud Sigmund, *L'inquiétante étrangeté et autres essais*, Paris, Gallimard, coll. « Folio Essais » (n° 93), 1988.

Gadant Monique, *Islam et nationalisme en Algérie, d'après El Moudjahid, organe central du FLN, de 1956 à 1962*, Paris, L'Harmattan, 1988.

Garnier Francis, *La Cochinchine française en 1864*, Paris, E. Dentu libraire-éditeur, 1864.

Hamon Hervé et Rotman Patrick, *Les Porteurs de valises*, Paris, Albin Michel, 1979.

Harbi Mohammed, *Le FLN, mirage et réalité des origines à la prise du pouvoir (1945-1962)*, Éditions Jeune Afrique, 1980.

Liogier Raphaël, *Le mythe de l'islamisation. Essai sur une obsession collective*, Paris, Seuil, 2012.

Macey David, *Frantz Fanon. Une vie*, Paris, La Découverte poche/Essais (n° 393), 2013.

Marx Karl, *Contribution à la critique de La philosophie du droit de Hegel* (1843), www.marxists.org/francais/marx/works/1843/00/km18430000.htm

– *Le Manifeste du parti communiste* (1847), www.marxists.org/francais/marx/works/1847/00/kmfe18470000a.htm#sect

MASCOLO Dionys, « Pour l'abolition du colonialisme », *Lignes*, n° 33, 1998 (1956).

MBEMBE Achille, Préface, « L'universalité de Fanon », *in* Frantz Fanon, *Œuvres*, Paris, La Découverte, 2011.

MANDOUZE André (éd.), *La révolution algérienne par les textes*, Paris, Maspero, 1961.

RIOUX Jean-Pierre et SIRINELLI Jean-François (éd.), *La Guerre d'Algérie et les intellectuels français*, Paris, Institut d'Histoire du Temps Présent, « Cahier n° 10 », 1988, réimpr. Bruxelles, Éditions Complexe, 1991.

SAID Edward W., *Culture et impérialisme*, Paris, Fayard et *Le Monde diplomatique*, 2000 (éd. orig. sous le titre *Culture and Imperialism*, New York, Vintage Books, 1993).

SARTRE Jean-Paul, *Critique de la raison dialectique*, Paris, Gallimard, 1960.

– « Orphée noir », in *Situations III*, Paris, Gallimard, 1949.

– Préface des *Damnés de la terre*, *in* Frantz Fanon, *Œuvres*, Paris, La Découverte, 2011.

STORA Benjamin, *La gangrène et l'oubli. La mémoire de la guerre d'Algérie*, Paris, La Découverte, 2005 (1991).

SEKYI-OTU Ato, *Fanon's Dialectic of Experience*,

Cambridge (Massachusetts, États-Unis), Harvard University Press, 1997.

Táíwò Olúfemi, « On the Misadventures of National Consciousness : A Retrospect on Frantz Fanon's Gift of Prophecy », in *Frantz Fanon : A Critical Reader*, Lewis Gordon, T. Sharpley-Whiting et Renée White (éd.), Oxford, Blackwell, 1996.

Vergès Françoise, « To Cure and to Free : The Fanonian Project of "Decolonized Psychiatry" », in *Frantz Fanon : A Critical Reader*, Lewis Gordon, T. Sharpley-Whiting et Renée White (éd.), Oxford, Blackwell, 1996.

Table des matières

Composition :
L'atelier des glyphes

9 782315 005062